W0273219

Blette (bette) ou poirée
Feuilles et cardes se consomment crues ou cuites, aussi bien chaudes que froides. Leur goût se partage entre l'épinard et l'oseille.

Cerfeuil tubéreux
Blanche et farineuse, la chair est sucrée avec un goût de châtaigne assez prononcé. Se consomme cru ou cuit. Attention, les feuilles sont toxiques.

Chou-rave
Feuilles et bulbe se mangent crus ou cuits. Sa texture rappelle celle du navet mais son goût très fin est celui du chou.

Courge butternut
Appelée aussi courge musquée, sa peau est très fine et sa chair douce et légèrement sucrée a un petit goût de beurre et de noisette.

Crosnes
Consommés entiers, ils ont un goût délicat entre l'artichaut et les salsifis, tirant sur la noisette. À conserver dans un linge humide en bas du frigo.

Hélianti
Surnommé salsifis d'Amérique, il en partage le goût avec le topinambour et le cœur d'artichaut dont il garde subtilement la texture.

Les légumes oubliés

TEXTE **Patrick Villechaize** PHOTOGRAPHIES **Thierry Bineau**

Éditions OUEST-FRANCE

Légumes anciens, légumes oubliés, légumes retrouvés...

Délaissées par une population qui a perdu la mémoire dans sa marche forcenée vers la consommation standardisée, de nombreuses variétés de légumes ont déserté les étals maraîchers et les tables familiales.

En moins de deux cents ans, les trois quarts des espèces comestibles ont disparu, victimes d'une agriculture intensive et sacrifiées sur l'autel de la productivité, sans compter les clichés injustes étiquetés par l'Histoire.

Mais le vent semble tourner. Un regain d'intérêt pour les choses de la nature et les produits naturels, une lassitude grandissante pour la normalisation et une véritable envie de goûts différents ou de nouvelles saveurs ont permis aux vieux amoureux de la terre, aux jardiniers-collectionneurs et aux gardiens de notre patrimoine culinaire de faire lever des millions de graines qui dormaient dans les remises.

Aujourd'hui, plébiscités par des amateurs irréductibles et de grands experts en gastronomie, c'est pour notre plus grand bonheur que ces légumes délaissés, méconnus ou tombés dans l'oubli réapparaissent peu à peu sur les marchés du terroir. Tant d'authenticité, de qualités nutritionnelles et de vertus phytothérapiques (antioxydants, anti-inflammatoires...) se cachent parmi une quarantaine de variétés, qu'il ne fut pas aisé de n'en distinguer que douze. Il fallait donc choisir parmi ces légumes redécouverts les plus accessibles et les plus représentatifs.

Mes amis, chefs de grandes tables du Nord, forts de leur expérience et de leurs préférences, m'ont donc guidé dans cette sélection et m'ont aidé à concocter ces recettes où les légumes « oubliés » reprennent si naturellement leur place dans nos assiettes qu'ils semblent ne nous avoir jamais quittés.

Patrick Villechaize

Crème de cerfeuil tubéreux Chips de salsifis

Pour 4 personnes
40 pièces de cerfeuil tubéreux
2 salsifis
100 g de beurre
20 cl de crème liquide
20 cl de lait
1 citron
Huile de friture
Jeunes pousses
Sel et poivre

Recette de Nicolas Rucheton, L'Essentiel, Petit-Attiches

◆ Éplucher les bulbes de cerfeuil et les salsifis et les garder dans de l'eau fraîche légèrement citronnée pour éviter l'oxydation.

◆ Tourner 20 pièces de cerfeuil en forme de cône et les cuire tout doucement au beurre dans une poêle. Saler, poivrer et les laisser colorer sans les brûler.

◆ Cuire le reste des bulbes de cerfeuil dans le lait et la crème, puis mixer, passer au chinois et mettre en siphon.

◆ Avec une mandoline, tailler très finement les salsifis dans la longueur et les frire quelques secondes à 140 °C. Les égoutter sur du papier absorbant.

◆ Dresser les cerfeuils rôtis, à l'aide du siphon, disposer quelques points de mousse de cerfeuil et accompagner des chips de salsifis et de jeunes pousses.

ASTUCE : Ne pas trop cuire le cerfeuil tubéreux afin que sa chair ne devienne pas trop farineuse et, surtout, retenir que ses feuilles ne sont pas comestibles.

Courge butternut en tartare

Pour 4 personnes
200 g de courge butternut
100 g de crevettes grises
3 radis
1 échalote
Beurre
Balsamique blanc
Balsamique noir
Vinaigre de Xérès
Herbes aromatiques (ciboulette, persil, coriandre)
Sel et poivre

- Tailler 4 fins palets de courge butternut et les cuire au beurre noisette.
- Tailler le reste de la courge en petits dés et les faire revenir rapidement au beurre pour les cuire tout en les gardant croquants. Réserver au frais.
- Préparer la vinaigrette en mélangeant 3 cuillerées à soupe de vinaigre balsamique blanc avec 1 cuillerée à soupe de vinaigre balsamique noir, un trait de vinaigre de Xérès, du sel et du poivre. Ajouter l'échalote hachée, toutes les herbes finement ciselées et des copeaux de radis.
- Dans un saladier, mélanger les dés de courge butternut avec les queues de crevettes grises décortiquées et assaisonner de la vinaigrette balsamique.
- À l'aide d'un emporte-pièce, dresser cet appareil sur un palet de courge et décorer d'une chips de courge, de lamelles de radis et de jeunes pousses.

Recette de Benjamin Bajeux, Le Balsamique, Wambrechies

Chutney de butternut

Pour 1 pot
300 g de courge butternut
1 oignon rouge, huile d'olive
3 cl de vinaigre balsamique
30 g de cassonade
5 g de 4 épices

- Faire fondre l'oignon émincé à l'huile d'olive, ajouter la butternut taillée en petits cubes, puis tous les autres ingrédients.
- Laisser compoter à feu doux pendant 30 à 40 min.
- Mettre le chutney chaud en pot stérilisé et laisser reposer la tête en bas.

Radis noir aux rillettes de thon

Pour 4 personnes
400 g de thon blanc frais
1 tomate
2 échalotes
1 gousse d'ail
50 cl d'huile d'olive vierge
1 radis noir
Jeunes pousses
Paprika
Sel et poivre

Recette de Samuel Da Silva-Léal, La Table de Samuel, Lannoy

◆ Nettoyer le radis noir pour garder la peau et, à la mandoline, le débiter en fines tranches. Réserver au frais dans un saladier d'eau.

◆ Dans une sauteuse, faire revenir 2 min à l'huile d'olive, les échalotes ciselées et l'ail haché.

◆ Ajouter la tomate mondée et concassée et laisser cuire 5 min à feu doux. Ajouter enfin le thon taillé en dés et cuire encore 10 min.

◆ Passer l'ensemble au mixeur et monter à l'huile d'olive. Assaisonner, selon le goût, de paprika, de sel et de poivre. Réserver au froid pendant 3 h.

◆ Disposer les rondelles de radis noir en rosace et, à l'aide d'un emporte-pièce, poser par-dessus les rillettes de thon. Décorer de jeunes pousses et d'un filet d'huile d'olive.

Canapés de radis noir

Pour 4 personnes
2 radis noirs
1 pot de fromage blanc (500 g)
2 tomates
100 g de crevettes grises
1 bouquet de ciboulette
8 à 12 tranches de baguette
Sel et poivre

◆ Éplucher et râper les radis noirs, puis les mélanger intimement avec les tomates mondées, épépinées et taillées en très fine brunoise, ajouter la ciboulette finement émincée et finir par le fromage blanc pour mieux le doser.

◆ Rectifier l'assaisonnement et étaler l'appareil sur les tranches de baguette préalablement grillées.

◆ Déposer sur chaque canapé une pincée de crevettes grises décortiquées.

Salade de **chou-rave** aux fruits secs

Pour 4 personnes
1 ou 2 choux-raves
1 ou 2 pommes granny-smith
8 tranches de jambon ibérique
Fruits secs (noix, noisettes, amandes, pistaches)
Huile de noisette
Vinaigre de Xérès
Jeunes pousses
Sel et poivre

Recette d'Emmanuel Hernandez, Le Musigny, Valenciennes*

- Préparer une vinaigrette avec l'huile de noisette, le vinaigre de Xérès, sel et poivre.
- Tailler en julienne les choux-raves, les pommes et la moitié du jambon ibérique. Réserver un peu de pomme ainsi que quelques fruits secs pour la finition.
- Assaisonner le chou avec la vinaigrette, puis mélanger avec la pomme et le jambon et incorporer les fruits secs préalablement concassés.
- Chemiser un cercle de présentation avec une tranche de jambon et le garnir du mélange de salade. Ajouter quelques fruits secs entiers, de la pomme et quelques jeunes pousses, puis saucer de vinaigrette.

Chou-rave, sauce flamande

Pour 4 personnes
2 ou 3 choux-raves (selon grosseur)
4 œufs
200 g de beurre
1 bouquet de persil
1 bouquet de ciboulette
Sel et poivre

- Faire cuire les œufs durs et les écraser à la fourchette.
- Dans une poêle, faire fondre le beurre jusqu'à la couleur noisette et verser sur les œufs broyés.
- Saler, poivrer, et mélanger tout doucement.
- Ajouter la ciboulette et le persil finement ciselés et réserver au bain-marie.
- À l'aide d'une mandoline, tailler les choux-raves en très fines rondelles.
- Dresser en rosace et napper de la sauce flamande.

Rémoulade de **panais** Pinces de tourteaux

Pour 4 personnes
8 pinces de tourteaux
2 panais
2 échalotes
60 g de mayonnaise maison
1 citron vert
Huile d'olive
Sel et poivre du moulin

Recette de Jérôme Follet,
Le Cheval Blanc, Wattignies

- Éplucher les panais et les tailler en très fine julienne.
- Dans un grand saladier, mélanger la julienne de panais, les échalotes finement ciselées, la mayonnaise, quelques zestes et le jus du citron vert. Assaisonner d'huile d'olive, de sel et de poivre du moulin.
- Dresser la rémoulade de panais dans un cercle de présentation, déposer 2 pinces de tourteau par-dessus et accompagner de jeunes pousses croquantes.

ASTUCE : Pour faire une mayonnaise à l'improviste, mixer dans un bol la même quantité de jaune d'œuf et d'eau chaude en ajoutant l'huile peu à peu, jusqu'à la consistance souhaitée. On peut assaisonner cette sauce de fines herbes, d'ail, de fromage de chèvre ou de chorizo…

Rôties de **panais** à l'écrasée de sardines

Pour 10 personnes
400 g de panais
5 g de fécule de maïs
4 sardines à l'huile
40 g de mascarpone
Tomates confites
Huile d'olive
Sel et poivre

- Mélanger les panais râpés avec la fécule de maïs, assaisonner et, à l'aide d'un emporte-pièce, façonner des petits palets.
- Faire poêler les rôties et laisser tiédir.
- Pendant ce temps, mélanger les sardines grossièrement émiettées, le mascarpone et quelques tomates confites finement ciselées.
- Dresser en répartissant l'écrasée de sardines sur les rôties de panais en décorant éventuellement d'une lamelle de citron ou d'un tronçon d'olive noire.

Royale d'**héliantis** au jambon bellota

Pour 4 personnes
400 g d'héliantis
200 g de fines tranches de bellota
4 œufs
20 cl de lait
20 cl de crème liquide
20 cl de jus de viande
Sel et poivre

Recette de Nicolas Rucheton, L'Essentiel, Petit-Attiches

◆ Éplucher et cuire les héliantis dans de l'eau bouillante salée.

◆ Une fois cuits, les passer au mixeur, ajouter les œufs, puis le lait et la crème préalablement portés à ébullition, assaisonner et verser l'appareil dans des moules individuels.

◆ Placer les moules sur une plaque au bain-marie et cuire au four à 150 °C (th. 5) pendant 45 min.

◆ Pendant ce temps, préparer le jus de viande.

◆ Laisser refroidir légèrement les royales pour les démouler, les dresser sur assiette et disposer dessus quelques copeaux de jambon bellota finement tranché et arroser légèrement de jus de viande.

ASTUCE : Le jambon bellota est issu de porcs ibériques élevés en liberté et nourris à 100 % de glands et autres produits naturels. À défaut, utiliser un jambon au goût prononcé.

Œufs pochés à la crème d'**héliantis**

Pour 4 personnes
400 g d'héliantis
4 œufs, beurre
25 cl de lait entier
4 tartines grillées
Paprika doux
Sel et poivre

◆ Éplucher et émincer très finement les héliantis, les faire suer au beurre, puis laisser compoter à feu doux, à couvert, pendant une vingtaine de minutes.

◆ Quand ils sont cuits, ajouter le lait bouillant, assaisonner, passer au mixeur, puis monter au beurre.

◆ Dresser la crème dans une assiette creuse, poser une tartine grillée au milieu et y placer un œuf poché saupoudré de paprika.

Velouté de courge butternut

Pour 4 personnes
4 petites courges butternut
200 g de champignons de saison (girolles, cèpes, pleurotes...)
2 échalotes
100 g de lardons fumés
100 g de jambon fumé
Beurre
Crème liquide
Vin blanc liquoreux
Sel et poivre de Sichuan

Recette de Benjamin Bajeux, Le Balsamique, Wambrechies

- Découper une calotte dans le haut de la courge et l'évider avec une cuillère ou un couteau à pamplemousse, sans la trouer, pour qu'elle serve de soupière.
- Récupérer la chair et la faire revenir avec le jambon fumé coupé en petits dés et une échalote ciselée.
- Déglacer avec le vin blanc liquoreux et mouiller à hauteur de crème liquide, puis laisser cuire à feu doux pendant 30 min. Mixer l'ensemble en fin de cuisson.
- Faire revenir au beurre les lardons avec les champignons, et assaisonner de sel et de poivre de Sichuan.
- Remplir la courge-soupière avec le velouté de courge, disposer la garniture de champignons par-dessus et décorer de chips de courge et de jeunes pousses.

Tarte de butternut à la fourme d'Ambert

Pour 4 personnes
1 grosse courge butternut
1 pâte feuilletée
1 gros oignon
200 g de fourme d'Ambert
3 œufs
6 cl de crème liquide
20 cl de lait
Huile d'olive
1 noix de muscade
Sel et poivre

- Faire revenir l'oignon émincé à l'huile d'olive, ajouter la butternut taillée en petits dés et laisser cuire 15 à 20 min en ajoutant une cuillerée d'eau toutes les 5 min.
- Mélanger les œufs, le lait, la crème fraîche, la muscade et assaisonner.
- Chemiser un moule avec la pâte feuilletée, piquer la surface à la fourchette et y étaler la fourme émiettée. Ajouter la courge butternut cuite, recouvrir de la crème aux œufs et mettre au four à 200 °C (th. 6/7) pendant 45 min.
- Servir tiède avec une salade de mâche.

Saint-Jacques poêlées ▸ Palets de **rutabagas** glacés

Pour 4 personnes :
16 noix de Saint-Jacques
4 à 5 rutabagas (selon grosseur)
2 ou 3 carottes
20 cl de crème liquide
2 oranges non traitées
25 cl de jus d'orange
Sucre semoule
Sel et poivre

◆ Nettoyer, éplucher et tailler les rutabagas en palets d'1 cm d'épaisseur, puis les cuire à l'anglaise, les égoutter et réserver.

◆ Tailler de très fines tranches dans la première orange non épluchée et les faire sécher au four à 100 °C (th. 3/4) pendant 20 à 25 min.

◆ Peler la seconde orange, lever les suprêmes et les tailler en dés.

◆ Tailler les carottes en fine brunoise, les cuire avec le jus d'orange et les passer au mixeur. Ajouter la crème fraîche, laisser refroidir et passer au chinois fin. Vérifier l'assaisonnement et lier cette sauce au beurre.

◆ Faire un caramel avec de l'eau et le sucre semoule, laisser réduire puis ajouter les palets de rutabaga et les glacer.

◆ Répartir les palets glacés, poser dessus une noix de Saint-Jacques juste poêlée, napper de crème de carottes à l'orange et accompagner des dés d'oranges, des rondelles séchées et de jeunes pousses.

Recette d'Emmanuel Hernandez, Le Musigny, Valenciennes*

Confit de **rutabagas** au bacon

Pour 4 personnes
4 rutabagas
4 fines tranches de bacon
25 g de beurre
20 cl de bouillon de volaille
Sucre en poudre
Sel

◆ Faire dorer le bacon jusqu'à ce qu'il soit croustillant. Réserver.

◆ Peler et couper les rutabagas en petits dés, les faire revenir dans une casserole avec le beurre, une pincée de sel et une pincée de sucre.

◆ Ajouter le bouillon de volaille, porter à ébullition et laisser confire 15 min à couvert.

◆ Servir avec des gambas poêlées, par exemple, et accompagner du bacon croustillant.

Soupe de **panais** et **crosnes** en trompe-l'œil

Pour 4 personnes
500 g de panais
500 g de crosnes
200 g de pommes de terre
4 œufs
50 cl de lait
10 cl crème liquide
2 baguettines
1 bouquet de cerfeuil
1 bouquet de coriandre
1 bouquet de persil plat
Huile d'olive
Vinaigre balsamique blanc
Sel et poivre

Recette de Florent Ferlin, Chez F'lau, Coutiches

◆ Préparer et cuire les panais, les crosnes et les pommes de terre dans le lait salé.

◆ Après cuisson, passer les légumes au blender afin d'obtenir un velouté, puis finir avec la crème liquide. Rectifier l'assaisonnement.

◆ Couper les baguettines en deux, les badigeonner d'huile d'olive et les tartiner d'une salade d'herbes ciselées et assaisonnées d'un peu de vinaigrette.

◆ Verser la soupe dans une assiette creuse chaude, déposer un jaune d'œuf au centre et décorer de quelques gouttes de vinaigrette.

ASTUCE : Pour la sublimer, on peut verser la soupe très chaude sur une fine tranche de fromage (Tomme d'Orchies, Cantal jeune, Abondance au lait cru).

Crosnes à la grecque

Pour 4 personnes
400 g de crosnes
1 gros oignon
3 citrons
50 cl de vin blanc
3 cuillerées à soupe de concentré de tomates
Huile d'olive
1 bouquet garni
Brins de fenouil et de coriandre
Persil
Sel et poivre mignonnette

◆ Nettoyer et légèrement blanchir les crosnes à l'eau salée. Réserver.

◆ Faire revenir l'oignon haché à l'huile d'olive, ajouter le jus des citrons, le vin blanc et porter à ébullition.

◆ Ajouter le bouquet garni, le poivre mignonnette, la coriandre, le fenouil hachés et le concentré de tomates. Saler.

◆ Laisser infuser 2 à 3 min et plonger les crosnes dans la préparation.

◆ Faire cuire pendant une dizaine de minutes et vérifier la cuisson ; les crosnes doivent rester *al dente*.

◆ Mettre au frais et parsemer de persil haché juste avant de servir.

Potage de **blettes** Écrevisses au lard

Pour 4 personnes
2 grosses bottes de blettes
200 g d'écrevisses décortiquées
50 g de lardons
2 échalotes
1 oignon
1 l de crème liquide
25 cl de lait
Beurre
Feuilles de gélatine
20 cl de vin blanc sec
Vinaigre balsamique blanc
Piment d'Espelette
Sel et poivre

Recette de Benjamin Bajeux, Le Balsamique, Wambrechies

- Séparer les côtes du feuillage des blettes.
- Préparer les côtes (voir p. 30), les tailler grossièrement en bâtonnets et les faire revenir dans un beurre noisette avec l'oignon finement haché.
- Déglacer au vin blanc et mouiller à hauteur avec le lait et 25 cl de crème fraîche liquide. Laisser cuire 10 min à feu doux, puis mixer et passer l'ensemble au chinois.
- Ajouter à chaud les feuilles de gélatine (1 feuille pour 15 cl) et verser l'appareil dans des petits moules en silicone. Réserver au frais.
- Réserver quelques belles feuilles pour la chiffonnade, tailler grossièrement la plus grande partie et la faire poêler vivement au beurre noisette avec une échalote émincée.
- Déglacer au vin blanc, mouiller à hauteur avec le reste de crème liquide et donner un grand bouillon pendant 5 min. Mixer l'ensemble, puis ajouter une cuillerée de balsamique blanc et assaisonner de piment d'Espelette.
- Dans une poêle bien chaude, faire revenir les lardons avec la seconde échalote finement ciselée, puis ajouter les queues d'écrevisses pour les rôtir rapidement. Finir par les belles feuilles de blette taillées en chiffonnade.
- Dans une assiette chaude, verser le potage autour de la gelée démoulée et orner chaque flan de queues d'écrevisses, de lardons et de chiffonnade de feuilles de blette.

Velouté de **radis noir** à l'huile de truffe

Pour 4 personnes
3 radis noirs
2 échalotes
2 pommes de terre
50 cl de fond de volaille
30 cl de crème liquide
20 g de beurre
Huile de truffe
Huile de friture
Feuilles de pourpier
Sel et poivre

Recette de Samuel Da Silva-Léal, La Table de Samuel, Lannoy

◆ Éplucher 2 radis et les pommes de terre, les tailler en brunoise, les faire revenir au beurre avec les échalotes ciselées et les déglacer avec le fond de volaille.

◆ Laisser cuire 45 min, puis passer au mixeur et ajouter la crème liquide et un filet d'huile de truffe. Assaisonner.

◆ Éplucher le dernier radis, tailler des fines tranches à la mandoline, puis les frire dans de l'huile à 180 °C. Réserver dans du papier absorbant salé.

◆ Dresser le velouté de radis noir dans une assiette creuse, placer les chips de radis au milieu et décorer de feuilles de jeunes pousses.

Tatin de **radis noir**

Pour 6 personnes
2 radis noirs
1 pâte feuilletée
50 g de sucre semoule
50 g de beurre demi-sel
Vinaigre balsamique
Sel et poivre

◆ Éplucher les radis, les tailler en fines lamelles à l'aide d'une mandoline et les blanchir à l'eau bouillante salée pendant 5 min. Égoutter et réserver.

◆ Faire un caramel avec le sucre et de l'eau à hauteur, puis déglacer avec un peu de vinaigre balsamique et verser sur le fond d'un moule à tarte. Parsemer la surface de petites noisettes de beurre demi-sel.

◆ Disposer harmonieusement les rondelles de radis noir en rosace sur 2 ou 3 épaisseurs, assaisonner, recouvrir de la pâte feuilletée et la rentrer soigneusement dans le moule.

◆ Mettre au four à 180 °C (th. 6) pendant 20 à 30 min.

Carrelet à la chicorée Côtes de **blettes** confites

Pour 4 personnes
8 filets de carrelet
1 botte de blettes
1 citron
Beurre
Parmesan râpé
Chicorée Lutun liquide (Chic & Fruits)
50 cl de fond de veau
25 cl de crème liquide
Vinaigre balsamique blanc
1 bouquet de ciboulette
1 bouquet de coriandre
Cerneaux de noix
Paprika
Sel et poivre

◆ Séparer les feuilles et les tiges des blettes, préparer les côtes et les tailler en tronçons de 10 cm.

◆ Faire revenir les côtes au beurre noisette, déglacer avec le jus d'un demi-citron, mouiller avec la moitié du fond de veau et la crème liquide, puis laisser cuire doucement 10 min à couvert.

◆ Étaler les côtes de blettes confites sur une plaque de cuisson, les parsemer de parmesan râpé et les faire gratiner au gril.

◆ Poêler très rapidement les filets de carrelet au beurre noisette et les réserver au chaud. Déglacer avec la chicorée liquide, mouiller avec le reste du fond de veau et laisser réduire.

◆ Tailler les feuilles de blettes en chiffonnade, les mélanger avec les herbes ciselées et les cerneaux de noix, puis assaisonner avec le vinaigre balsamique blanc, le jus de l'autre moitié de citron, du paprika, du sel et du poivre.

◆ Dresser les filets de carrelets sur une nappe de jus de chicorée, accompagnés des côtes confites et de la salade de blettes.

ASTUCE : Laver les blettes dans plusieurs eaux avec une cuillerée à café de vinaigre, puis égoutter. Couper la base des tiges, éplucher les côtes pour enlever les fils, les couper en tronçons et les blanchir quelques minutes à l'eau bouillante salée.

Recette de Benjamin Bajeux, Le Balsamique, Wambrechies

Bar en écaille Tombée de **chou-rave**

Pour 4 personnes
4 filets de bar de 150 g
2 ou 3 choux-raves (selon leur grosseur)
12 tranches de bacon
25 cl de crème liquide
Beurre
Huile d'olive
Sel et poivre

Recette d'Emmanuel Hernandez, Le Musigny, Valenciennes*

◆ Réserver les feuilles, tailler le chou-rave en fine julienne et la faire tomber au beurre à feu très doux.

◆ Émincer quelques feuilles tendres et les ajouter à la julienne en fin de cuisson.

◆ Blanchir le reste des feuilles, les tailler en rectangle, les huiler et les placer entre 2 feuilles de papier sulfurisé pour les sécher au four à 150 °C (th. 5) pendant 15 min.

◆ Émincer en julienne 4 tranches de bacon et les poêler à sec pour obtenir des lardons croquants.

◆ Couvrir 4 autres tranches de bacon de crème liquide, faire réduire, assaisonner et passer au chinois. Sur une plaque, étaler les 4 dernières tranches de bacon entre 2 feuilles de papier sulfurisé et les mettre au four à 150 °C (th. 5) pendant 15 min.

◆ Poêler les filets de bar sur la peau et finir la cuisson au four.

◆ Avec un emporte-pièce, placer la tombée de chou-rave sur une feuille séchée, poser le filet de bar par-dessus et décorer d'une tranche de bacon séchée.

Feuilles de **chou-rave** sautées à l'ail

Pour 4 personnes
Feuilles restantes de choux-raves
2 à 3 gousses d'ail
Huile d'olive
Sel et poivre

◆ Blanchir les feuilles à l'eau bouillante salée pendant 3 min, puis les rafraîchir à l'eau froide, les égoutter et les hacher grossièrement.

◆ Faire rapidement revenir à l'huile d'olive l'ail broyé et 1 grosse pincée de sel jusqu'à ce que l'ail commence à colorer.

◆ Ajouter les feuilles blanchies et laisser cuire 2 à 3 min, en remuant, jusqu'à ce qu'elles soient bien chaudes.

Ravioles de potimarron aux gambas

Pour 4 personnes
2 potimarrons
16 gambas
1 échalote
3 poivrons (jaune, rouge, vert)
1 tomate
5 cl d'huile d'olive
Paprika
Sel et poivre

Recette de
Samuel Da Silva-Léal,
La Table de Samuel, Lannoy

◆ Éplucher le potimarron et à l'aide d'un emporte-pièce, y tailler des cercles d'1 cm d'épaisseur, les cuire à l'eau bouillante, salée généreusement. Égoutter et réserver au chaud.

◆ Décortiquer les gambas et tailler les légumes en fine brunoise.

◆ Poêler échalote, poivrons et tomate à l'huile d'olive, puis ajouter les gambas, assaisonner et laisser infuser 6 min.

◆ Dresser une tranche de potimarron au milieu de l'assiette, répartir les légumes sautés, placer 4 gambas et recouvrir d'une deuxième tranche. Accompagner de jeunes pousses et d'une émulsion de lait à l'huile d'olive.

Tarte de potimarron aux dés de saumon

Pour 6 personnes
1 pâte feuilletée
2 potimarrons
2 filets de saumon frais
2 oignons rouges
3 œufs
25 cl de crème fraîche
150 g de mozzarella
Paprika
Sel et poivre

◆ Éplucher, vider, tailler la chair des potimarrons en cubes et mettre à cuire à l'eau bouillante salée avec les oignons en quartiers.

◆ Égoutter et passer au mixeur pour réduire en purée. Incorporer les œufs battus en omelette avec la crème fraîche et une pincée de paprika. Assaisonner.

◆ Chemiser un moule à tarte avec la pâte feuilletée, verser l'appareil et disposer le saumon taillé en dés en l'enfonçant. Répartir la mozzarella et mettre au four à 150 °C (th. 5) pendant 40 min.

Croquettes de topinambours Noix de Saint-Jacques ▸

Pour 4 personnes
8 noix de Saint-Jacques
4 topinambours
2 œufs
1 orange
Fécule de pomme de terre
Chapelure de brioche
Vinaigre de Xérès
Huile d'olive
Huile de friture

Recette de Jérôme Follet,
Le Cheval Blanc, Wattignies

◆ Éplucher, couper les topinambours en quartiers et les cuire à l'anglaise dans une eau bouillante salée. Laisser refroidir.

◆ Peler et prélever la moitié des quartiers d'une orange. Extraire le jus de l'autre moitié, puis le mélanger au vinaigre de Xérès et à l'huile d'olive pour monter une vinaigrette.

◆ Passer les quartiers de topinambours dans la fécule de pomme de terre, puis dans le blanc d'œuf, pour finir dans la chapelure en redoublant l'épaisseur et les mettre à frire à 180 °C jusqu'à ce qu'ils soient bien dorés.

◆ Dresser 4 beignets avec 2 noix de Saint-Jacques juste marquées et accompagner de la vinaigrette à l'orange.

Topinambours en tempura

Pour 4 personnes
4 topinambours
200 g de farine
20 cl d'eau gazeuse
Huile de friture
Sel fin

◆ Préparer une pâte à tempura très légère en mélangeant la farine et une pincée de sel avec l'eau gazeuse glacée, puis y incorporer les topinambours épluchés et taillés à la mandoline en très fines tranches.

◆ Les plonger dans l'huile bouillante et les faire frire quelques minutes.

Saint-Jacques Purée et chips de **panais**

Pour 4 personnes
8 noix de Saint-Jacques
4 panais
50 cl de fumet de poisson
20 cl de crème liquide
50 cl de lait
60 g de beurre
Huile de friture
Sel et poivre

Recette de Samuel Da Silva-Léal, La Table de Samuel, Lannoy

- Éplucher 3 panais, les tailler en petits dés et les faire cuire dans le lait.
- Les passer au mixeur, assaisonner et lier avec 50 g de beurre.
- Faire bouillir le fumet de poisson, ajouter la crème liquide et faire réduire de moitié.
- Mettre le fumet réduit en siphon (1 cartouche).
- À l'aide d'une mandoline, tailler de très fines lamelles dans la longueur du dernier panais épluché.
- Passer les tranches à la friture à 170 °C et réserver sur un papier absorbant.
- Snacker rapidement au beurre (40 sec de chaque côté) les noix de Saint-Jacques, dresser immédiatement et accompagner de la purée et des chips de panais sur l'émulsion de fumet réduit.

Bouffis grillés à la purée de **panais**

Pour 4 personnes
Pour les bouffis :
4 bouffis (harengs salés fumés)
2 gros oignons
1 l de lait
50 cl de vin blanc sec

Pour la purée :
4 panais
2 pommes de terre
50 g de beurre
Huile d'olive
Sel et poivre

- La veille, plonger les bouffis dans le lait pour les dessaler.
- Éplucher, parer et tailler grossièrement les panais et les pommes de terre, puis les faire cuire à l'eau bouillante salée.
- Égoutter les légumes et les passer au mixeur avec l'huile d'olive, puis incorporer le beurre, assaisonner et mixer de nouveau.
- Faire fondre à l'huile d'olive les oignons ciselés, les mettre dans un plat à four, poser les bouffis égouttés par-dessus, mouiller de vin blanc et mettre sous la salamandre au four à 200 °C (th. 6/7) pendant 10 à 15 min.

Gratin de salsifis Coques vinaigrette

Pour 4 personnes
200 g de coques
1 botte de salsifis
1 citron
50 g de parmesan
50 cl de vin blanc sec
25 g de noisettes torréfiées
Vinaigre de cidre
Huile de noisette
Sel et poivre

Recette de Jérôme Follet, Le Cheval Blanc, Wattignies

◆ Éplucher et préparer les salsifis (voir p. 60).

◆ Faire une vinaigrette avec le vinaigre de cidre, l'huile de noisette et les noisettes torréfiées préalablement concassées.

◆ Rincer les coques, les couvrir de vin blanc sec, porter à ébullition et les sortir dès qu'elles sont ouvertes. Les décoquiller et réserver.

◆ Couper les salsifis en les égalisant, les placer sur un papier sulfurisé légèrement huilé, les recouvrir de parmesan et mettre à gratiner sous la salamandre en colorant légèrement.

◆ Dresser les salsifis avec quelques coques, accompagnés de chips de salsifis, de feuilles de mâche et assaisonnés de la vinaigrette de noisette.

Salsifis sautés à la provençale

Pour 4 personnes
1 kg de salsifis
4 gousses d'ail
2 citrons
350 g de tomates au jus
Huile d'olive
1 bouquet de persil
Sel et poivre

◆ Éplucher les salsifis, les couper en tronçons de 8 à 10 cm, et les plonger dans de l'eau avec du jus de citron.

◆ Faire cuire à l'eau bouillante salée pendant 1 h 30, égoutter et faire sauter à l'huile d'olive jusqu'à ce qu'ils colorent.

◆ Ajouter les gousses d'ail et les tomates au jus bien concassées, laisser infuser et servir en saupoudrant de persil finement haché.

Calamarata à la mousse de **panais** Filet de bœuf

Pour 4 personnes
800 g de filet de bœuf
500 g de pâtes calamarata (rondelles)
300 g de panais
40 g de spaghettis
1 gousse d'ail
20 cl de jus de veau
10 cl de crème liquide
Curry jaune
Huile de friture
Jus de betterave
Sel et poivre

Recette de Florent Ferlin, Chez F'lau, Coutiches

◆ Cuire les pâtes calamarata à l'eau bouillante salée, *al dente*.

◆ Cuire les panais au lait salé, puis les écraser en purée en y incorporant la crème liquide. Passer la purée à la passette fine et la mettre dans un siphon avec une cartouche de gaz.

◆ Faire réduire le jus de veau avec la gousse d'ail émincé.

◆ Poêler ou rôtir le filet de bœuf selon son goût et le dresser sur la réduction de jus de veau.

◆ Disposer les pâtes calamarata en rosace et les farcir au siphon de la mousse de panais.

◆ Poser 4 ou 5 spaghettis frits et saupoudrés de curry sur le filet de bœuf et placer une goutte de jus de betterave sur chaque calamarata.

Paillassons de **légumes oubliés**

Pour 4 à 6 personnes
1 rutabaga
1 petit pâtisson
2 topinambours
2 panais
2 vitelottes
Beurre
Huile
Sel et poivre

◆ Laver, éplucher, râper et mélanger tous les légumes. Assaisonner.

◆ Mettre à frire par petites quantités dans une poêle à blinis, avec un mélange de beurre et d'huile très chaud.

◆ Tasser à la fourchette, donner une forme ronde et laisser colorer 4 min à feu vif. Retourner le paillasson et finir de cuire encore 4 min à feu doux.

◆ Réserver au four à 100 °C (th. 3/4) pour tenir au chaud.

Héliantis et boudin noir en parmentier

Pour 4 personnes
400 g d'héliantis
4 boudins noirs
20 g de beurre
Jeunes pousses
Sel et poivre

Recette de Nicolas Rucheton, L'Essentiel, Petit-Attiches

◆ Éplucher et cuire les héliantis dans de l'eau bouillante salée en les gardant très légèrement *al dente*. Laisser refroidir et les tailler en très fines lamelles.

◆ Retirer les boyaux des boudins puis les tailler en tranches de 0,5 cm d'épaisseur.

◆ Beurrer des cercles de présentation et y monter alternativement une couche de boudin noir puis une couche d'héliantis, en finissant par le boudin.

◆ Mettre à cuire au four à 150 °C (th. 5) pendant une quinzaine de minutes.

◆ Dresser avec quelques chips d'héliantis (voir p. 56) et un mélange de jeunes pousses.

Sauté d'héliantis à l'huile vanillée

Pour 4 personnes
500 g d'héliantis
1 gousse de vanille
Huile d'olive
Sel et poivre

◆ Faire infuser une gousse de vanille dans 5 cuillerées à soupe d'huile d'olive.

◆ Brosser soigneusement les héliantis, les rincer, les tailler en grosses rondelles avec la peau et les faire cuire à l'eau bouillante salée pendant 10 à 15 min en les gardant *al dente*.

◆ Égoutter les héliantis, les faire sauter à l'huile d'olive vanillée et rectifier l'assaisonnement.

Mignon de veau Pont-Neuf de **butternut**

Pour 4 personnes
600 g de filet de mignon de porc
1 courge butternut
2 tranches de pain d'épices
Beurre
25 cl de fond de veau
25 cl de crème liquide
Huile d'olive
Sel et poivre de Sichuan

Recette de Benjamin Bajeux, Le Balsamique, Wambrechies

◆ Tailler le filet mignon de veau en tronçons de 150 g, les placer sur une plaque allant au four préalablement beurrée, puis les recouvrir d'un filet d'huile d'olive et les assaisonner de sel et de poivre de Sichuan. Enfourner et cuire les morceaux à 70 °C (th. 2/3) pendant 45 min (cuisson à basse température).

◆ Tailler la chair de butternut en forme de grosses frites Pont-Neuf et les faire revenir dans un beurre bien moussant.

◆ Tailler le pain d'épices en petits dés, les faire revenir au beurre, puis mouiller avec le fond de veau et la crème liquide et laisser fondre entièrement.

◆ Dresser le filet mignon nappé de sauce au pain d'épices et accompagné des frites de butternut.

Courge butternut farcie façon Margherita

Pour 4 personnes
2 courges butternut
4 tranches de jambon de Paris
200 g de mozzarella di bufala
2 grosses tomates
Bouquets de basilic et d'origan
Huile d'olive
Sel et poivre

◆ Couper les courges en longueur, ôter les graines, piquer la chair, badigeonner d'huile d'olive et mettre au four à 210 °C (th. 7) pendant 30 min.

◆ Quand la chair est ramollie, la prélever légèrement (il faut garder la peau un peu épaisse) et la mélanger avec la mozzarella en cubes, les tomates concassées, l'origan et le basilic émincés. Assaisonner et farcir les demi-courges avec l'appareil et le jambon de Paris en allumettes.

◆ Passer un filet d'huile d'olive et mettre au four pendant 35 à 40 min, jusqu'à ce que le fromage soit complètement fondu.

Parmentier de porc confit Émulsion de **crosnes**

Pour 4 personnes
900 g de joue de porc
1 kg de graisse de canard
500 g de pommes de terre
400 g de crosnes
200 g d'oignons
100 g de beurre
Chapelure
10 cl de crème liquide
2 g d'agar-agar
200 g de gros sel
Sel et poivre

ASTUCE : : Les crosnes doivent être très frais. Pour les nettoyer, les mettre dans un torchon avec du gros sel, les frotter pour enlever la peau, puis les passer à l'eau claire.

◆ La veille, faire mariner les joues de porc dans 1 l d'eau et le gros sel.

◆ Le lendemain, égoutter et cuire les joues de porc dans la graisse de canard, à petit bouillon pendant 4 h.

◆ Faire revenir les oignons finement ciselés dans la graisse avec les joues confites, préalablement émiettées.

◆ Cuire séparément, à l'eau bouillante salée, les crosnes et les pommes de terre, puis les égoutter et, afin d'obtenir une purée, les écraser ensemble avec le beurre tout en réservant 50 g de crosnes.

◆ Mixer les crosnes réservés, ajouter la crème liquide et l'agar-agar, rectifier l'assaisonnement et émulsionner au mixeur plongeant.

◆ Mélanger la chapelure avec de l'eau afin d'obtenir une pâte assez liquide et l'étaler très finement entre 2 feuilles de papier sulfurisé. Retirer la feuille du dessus et mettre au four à 140 °C (th. 4/5) pendant 35 min.

◆ Dresser en tassant l'émincé de joues de porc confites dans un emporte-pièce, recouvrir de la purée de crosnes et de pommes de terre, puis couronner de l'espuma de crosnes. Décorer d'un morceau de chips de chapelure, de coulis de tomate et de jeunes pousses.

Recette de Florent Ferlin, Chez F'lau, Coutiches

Paleron de bœuf braisé Trilogie de **rutabagas**

Pour 4 personnes
900 g de paleron de bœuf
6 à 8 rutabagas (selon leur grosseur)
Beurre
50 cl de fond de veau
20 cl de crème fraîche
Brisures de truffes
Jus de truffes
10 cl de porto
10 cl de cognac
Farine
Huile de friture
Sel et poivre

ASTUCE : Laver et rincer très soigneusement les rutabagas à l'eau froide pour pouvoir utiliser les parures, puis tailler les morceaux de façon égale pour permettre une cuisson homogène.

◆ Dans un beurre bien moussant, colorer le paleron de tous côtés, puis le mettre en cocotte et le faire cuire à feu doux avec le fond de veau, il doit rester fondant. Réserver au chaud.

◆ Faire une sauce Périgueux : réduire aux 3/4 un mélange de porto et de cognac, puis mouiller avec le jus de cuisson du paleron et réduire à nouveau de moitié. Rectifier l'assaisonnement, lier au beurre et (facultatif), ajouter les brisures et le jus de truffes.

◆ Tailler le tiers des rutabagas en gros palets (ou en dés), les cuire à l'anglaise, puis les poêler au beurre au moment de servir.

◆ Tailler le deuxième tiers en très fines lamelles pour faire des chips. Les fariner, les frire à 150 °C, les égoutter et les saler.

◆ Cuire à l'anglaise le dernier tiers et les parures, les égoutter et les mixer pour faire une purée. Beurrer légèrement, ajouter la crème et assaisonner.

◆ Dresser en plaçant une belle tranche de paleron sur 3 ou 4 palets de rutabaga poêlés, napper de sauce et accompagner de la purée et des chips de rutabaga.

Recette d'Emmanuel Hernandez, Le Musigny, Valenciennes*

Canard fondant Brunoise de **potimarron** à l'orange

Pour 4 personnes
2 magrets de canard
1 potimarron
1 échalote
33 cl de jus d'orange
100 g de beurre
15 cl de fond de veau
Sucre semoule
Thym
Laurier
Jeunes pousses
Sel et poivre

Recette de
Samuel Da Silva-Léal,
La Table de Samuel, Lannoy

◆ Éplucher et tailler le potimarron en grosse brunoise.

◆ Faire revenir l'échalote ciselée dans 10 g de beurre, puis ajouter la brunoise de potimarron, laisser cuire et déglacer au jus d'orange.

◆ Incorporer le reste du beurre, 1 pincée de sucre semoule, 1 branche de thym, 1 feuille de laurier, verser le fond de veau et laisser compoter jusqu'à la totale réduction du jus.

◆ Inciser la peau des magrets, les assaisonner et les cuire au four à 180 °C (th. 6) sous la salamandre, 6 min de chaque côté.

◆ Découper les magrets, les napper du jus réduit et les accompagner de la brunoise de potimarron dressée dans un cercle et garnie de jeunes pousses.

Légumes oubliés braisés à la bière blanche

Pour 4 personnes
8 rutabagas
2 panais
2 radis noirs
1 topinambour
2 échalions
75 cl de bière blanche
Huile de tournesol
1 bouquet de persil plat
Sel et poivre de Sichuan

◆ Éplucher et tailler tous les légumes en bâtonnets puis les faire fondre à l'huile très chaude.

Mouiller avec la bière blanche, assaisonner et laisser infuser une vingtaine de minutes.

◆ Mélanger les légumes, saupoudrer de persil plat ciselé et servir avec une viande blanche.

Crémeux de **topinambour** comme une tartiflette

Pour 4 personnes
150 g de topinambours
80 g de lardons fumés
1 gros oignon
4 tranches de reblochon
250 g de crème fraîche
Vin blanc sec
Jeunes pousses
Sel et poivre

Recette de Jérôme Follet, Le Cheval Blanc, Wattignies

◆ Éplucher et cuire les topinambours taillés en rondelles dans de l'eau bouillante salée.

◆ Faire revenir l'oignon émincé avec les lardons sans trop les colorer, puis déglacer au vin blanc sec et laisser réduire.

◆ En fin de cuisson, égoutter les topinambours puis les mixer avec la crème fraîche et assaisonner.

◆ Verser la crème de topinambour dans une assiette creuse, poser une tranche de reblochon et la recouvrir de l'oignon et des lardons bien chauds. Décorer de jeunes pousses.

Topinambours et champignons gratinés

Pour 4 personnes
8 à 10 topinambours (600 g)
60 g de beurre
150 g de champignons de Paris
1 gousse d'ail
150 g de fromage râpé
Sel et poivre

◆ Peler et tailler les topinambours à la paysanne, puis les faire revenir au beurre dans une poêle et les placer dans un plat à gratin.

◆ Nettoyer et tailler les champignons en quartiers, les faire revenir au beurre avec la gousse d'ail écrasée, jusqu'à évaporation de leur eau et les répartir parmi les topinambours.

◆ Assaisonner, parsemer de quelques noisettes de beurre et de fromage râpé, puis mettre au four à 180 °C (th. 6) pendant 20 min jusqu'à la formation d'une jolie croûte dorée.

Écrasée et chips d'**héliantis** Graines torréfiées

Pour 4 personnes
400 g d'héliantis
4 héliantis pour les chips
3 cl de jus de rôti
15 g de chaque graine (tournesol, lin, pignons de pin, courge)
Huile d'olive extra-vierge
Vinaigre de cidre
1 bouquet de pourpier
Sel et poivre

Recette de Nicolas Rucheton, L'Essentiel, Petit-Attiches

◆ Éplucher et cuire les héliantis dans de l'eau bouillante salée, puis les écraser à la fourchette en y incorporant peu à peu 4 cuillerées à soupe d'huile d'olive.

◆ Tailler finement les 4 héliantis à la mandoline et les faire frire 2 à 3 min dans une friture à 140 °C. Réserver sur un papier absorbant.

◆ Mélanger toutes les graines et les faire torréfier au four à 180 °C (th. 6) pendant 7 à 8 min.

◆ Réaliser une vinaigrette au vinaigre de cidre et assaisonner la salade de pourpier.

◆ Dresser et servir avec une viande rôtie.

ASTUCE : Pour faire de bonnes frites, laver les héliantis à l'aide d'une brosse sans les éplucher car la peau est comestible.

Petits flans d'**héliantis** au lard

Pour 4 personnes
400 g d'héliantis
125 g de lardons
4 œufs
40 cl de lait
40 cl de crème fraîche
Beurre
Fécule de maïs
Sel et poivre

◆ Peler et tailler les héliantis en fines rondelles et les répartir dans les ramequins beurrés avec les lardons émincés.

◆ Dans un saladier, mélanger au fouet le lait, la fécule de maïs, la crème fraîche et les œufs entiers. Assaisonner et verser l'appareil sur les héliantis.

◆ Mettre au four à 150 °C (th. 5), au bain-marie, pendant 30 à 35 min.

Imbroglio de **crosnes** et légumes croquants

Pour 4 personnes
80 g de crosnes
80 g d'asperges vertes
80 g de fenouil
80 g de petits pois
80 g de pois gourmands
80 g de mini-carottes
80 g de mini-poireaux
80 g de mini-navets
40 g de moutarde de Dijon
15 cl d'huile d'arachide
4 cl de vinaigre de vin,
Épices en poudre (paprika doux, curry, cumin et muscade)
Sel, poivre

- Cuire séparément les crosnes et chaque légume à l'eau bouillante salée, puis les refroidir dans de l'eau froide avec des glaçons afin de stopper la cuisson et garder leur couleur.
- Dans une poêle, faire cuire au beurre tous les légumes jusqu'à ce qu'ils soient glacés, c'est-à-dire enveloppés d'une fine pellicule.
- Préparer la vinaigrette avec l'huile d'arachide, le vinaigre de vin et toutes les épices, puis en mouiller tous les légumes mélangés.
- Dresser les légumes assaisonnés dans un désordre élégant.

Recette de Florent Ferlin, Chez F'lau, Coutiches

Poêlée de **crosnes** à la crème

Pour 4 personnes
600 g de crosnes
40 g de beurre
1 œuf
2 cuillerées à soupe de crème fraîche liquide
1 noix de muscade
1 bouquet de persil plat
Sel et poivre

- Nettoyer les crosnes (voir p. 48) puis les cuire à l'eau bouillante salée pendant 10 à 15 min.
- Égoutter et les faire cuire au beurre, dans une sauteuse à feu doux.
- Battre un jaune d'œuf, incorporer la crème fraîche, assaisonner de muscade, sel et poivre et verser l'appareil sur les crosnes. Laisser infuser quelques minutes à feu très doux, sans cesser de remuer.
- Servir en saupoudrant de persil plat finement haché.

Salsifis rôtis au beurre

Pour 4 personnes
1 botte de salsifis
1 citron
10 cl de fond de volaille
50 g de mayonnaise ferme
Beurre
Sel et poivre

Recette de Jérôme Follet, Le Cheval Blanc, Wattignies

◆ Laver et éplucher les salsifis, puis les blanchir à l'eau bouillante salée et citronnée.

◆ Les égoutter, les tailler en petits tronçons égaux et les rôtir au beurre en ajoutant le fond de volaille ou, mieux, du jus de poulet rôti en fin de cuisson, afin de faciliter la coloration des salsifis. Réserver.

◆ Faire réduire le jus de cuisson jusqu'à obtenir un jus glacé et l'incorporer à la mayonnaise la plus ferme qui soit (voir p. 16).

◆ Dresser les salsifis rôtis sur une nappe de mayonnaise, accompagnés de jeunes pousses et de chips de salsifis.

ASTUCE : Enfiler des gants pour éplucher les salsifis qui sont collants et noircissent la peau, puis les plonger dans de l'eau fraîche citronnée et les rincer avant de les blanchir.

Salsifis crème au cidre

Pour 4 personnes
1 kg de salsifis
1 grosse échalote
20 cl de crème épaisse
75 cl de cidre brut
½ verre de vin blanc sec
Beurre
Farine
Sel et poivre

◆ Faire fondre l'échalote émincée, ajouter le vin blanc et laisser réduire.

◆ Peler et tailler les salsifis en tronçons puis les colorer légèrement au beurre fondu.

◆ Les enrober de farine, ajouter les échalotes, couvrir avec le cidre, assaisonner et laisser réduire 20 à 30 min.

◆ Ajouter la crème fraîche, rectifier l'assaisonnement et laisser réduire à nouveau en mélangeant souvent.

Neige de **panais**
Jus court à l'orange ▸

Pour 4 personnes
700 g de panais
2 œufs
1 l de lait
4 cl de crème liquide
25 cl de jus d'orange
50 g de beurre
Huile de friture
Sel, poivre

◆ Éplucher, tailler grossièrement et cuire 500 g de panais dans du lait salé.

◆ En fin de cuisson, écraser les panais en purée, en y incorporant le beurre et 2 jaunes d'œufs.

◆ Monter les blancs en neige et les incorporer à la purée.

◆ Tailler en très fines rondelles les 200 g de panais crus restants, les frire quelques minutes à 180 °C, puis les saler.

◆ Faire réduire le jus d'orange avec la crème liquide, jusqu'à l'obtention d'une sauce bien nappante.

◆ Dresser la purée dans un cercle de présentation, couvrir de chips de panais, décorer de jeunes pousses et assaisonner avec le jus court à l'orange.

Recette de Florent Ferlin,
Chez F'lau, Coutiches

Chips de **panais** au paprika

Pour 4 personnes
4 petits panais
Paprika

◆ Nettoyer les panais et les tailler en fines rondelles, à l'aide d'une mandoline.

◆ Disposer les tranches sur une lèchefrite recouverte de papier sulfurisé et mettre au four à 150 °C (th. 5) pendant une vingtaine de minutes en les retournant à mi-cuisson pour les saupoudrer de paprika.

◆ Sortir les chips quand elles sont craquantes et éviter de les faire noircir.

Brioche dorée Ganache d'**héliantis** au chocolat blanc

Pour 4 personnes
200 g d'héliantis
100 g de crème liquide
100 g de chocolat blanc
4 tranches de brioche
40 g de beurre clarifié
20 g de poudre de cacao

Recette de Nicolas Rucheton, L'Essentiel, Petit-Attiches

◆ Éplucher et cuire les héliantis à l'eau bouillante non salée, puis les mixer avec la crème chaude préalablement bouillie.

◆ Incorporer le chocolat blanc concassé et laisser refroidir à température ambiante.

◆ Tailler de grosses frites dans les tranches de brioche et les faire dorer à la poêle dans un beurre clarifié bien moussant.

◆ Étaler la ganache dans une assiette creuse, disposer quelques « frites » de brioche et saupoudrer de poudre de cacao.

Cerfeuil tubéreux, comme un carrot cake

Pour 6 personnes
300 g de cerfeuil tubéreux
200 g de farine
1 sachet de levure chimique
2 œufs
200 g de cassonade
10 cl de lait
150 g de beurre
100 g de raisins secs
Épices en poudre (cannelle, gingembre, muscade)

◆ Faire gonfler les raisins secs dans le lait tiède.

◆ Hors du feu, mélanger la cassonade avec le beurre fondu, ajouter les œufs entiers et le cerfeuil tubéreux épluché et finement râpé.

◆ Mélanger la farine et la levure avec une demi-cuillerée à café de chaque épice et incorporer au cerfeuil râpé, puis ajouter le lait et les raisins.

◆ Mettre l'appareil dans un moule beurré et fariné et enfourner à 180 °C (th. 6) pendant une petite heure.

Éclairs craquants à la crème de **potimarron**

Pour 4 personnes
1 ou 2 potimarrons (selon grosseur)
2 jaunes d'œufs
50 g de sucre semoule
5 feuilles de gélatine
25 cl de lait
250 g de mascarpone

Pour le craquelin :
80 g de beurre mou
110 g de cassonade
110 g de farine

Pour les éclairs :
4 œufs
125 g de beurre demi-sel
150 g de farine
10 g de sucre
5 g de sel

- Préparer le craquelin pâtissier (sans rapport avec la brioche), la veille. Malaxer soigneusement le beurre mou battu en pommade, la cassonade et la farine afin d'obtenir un pâton très homogène.
- Étaler le pâton au rouleau, entre 2 feuilles de papier sulfurisé, sur une épaisseur de 2 mm et réserver au frais.
- Faire une crème anglaise : blanchir 2 jaunes d'œufs avec 50 g de sucre semoule.
- Verser le lait à ébullition sur les œufs blanchis. Remettre l'appareil dans la casserole et le porter à 85 °C.
- Ajouter la gélatine préalablement préparée à l'eau froide et le mascarpone, mélanger et réserver au frais.
- Éplucher le/les potimarron(s) et tailler en cubes la quantité de chair nécessaire à 250 g de purée. La cuire à l'eau, mixer, ajouter la crème anglaise et mettre au frais.
- Découper en très fines tranches le reste de chair pour faire des chips, les placer sur une plaque entre 2 feuilles de papier sulfurisé et mettre au four à 150 °C (th. 5) pendant 15 min.
- Dans une casserole, couvrir le beurre demi-sel et le sucre avec 25 cl d'eau et porter à ébullition. Hors du feu, ajouter la farine, puis remettre sur la plaque et mélanger au fouet jusqu'à la formation d'une pellicule sur le fond.
- Verser l'appareil dans un saladier et ajouter les œufs un à un, sans cesser de battre. Quand la pâte à choux est devenue bien homogène, la mettre dans une poche à douille, confectionner les éclairs et les recouvrir du craquelin ajusté à la taille. Mettre au four à 200 °C (th. 6/7) pendant 20 min.
- Couper le chapeau de l'éclair, le garnir de la crème de potimarron et décorer de chips et de noisettes caramélisées.

Recette d'Emmanuel Hernandez et Clément Bayard, Le Musigny, Valenciennes*

Table des recettes

Editions OUEST-FRANCE
Lille - Rennes

© 2015, Editions Ouest-France, Edilarge S.A.

Editeur : Hervé Chirault – Coordination éditoriale : Claire Martel
Conception graphique et mise en page : Studio graphique des Editions Ouest-France
Photogravure : Graph&ti, Cesson-Sévigné (35)
Impression : Imprimerie de Champagne, à Langre (52)
N° d'éditeur : 7858.01.2,5.09.15 – ISBN 978-2-7373-6754-0
Dépôt légal : septembre 2015
Imprimé en France – www.editionsouestfrance.fr

Panais

Peut être servi cru et sa chair blanche légèrement sucrée et aromatique supporte toutes les cuissons. Son goût est doux et subtil.

Potimarron

Sa chair sucrée, orangée et un peu farineuse, a la saveur et la texture de la châtaigne. On peut le cuire avec sa peau s'il n'est pas trop vieux.

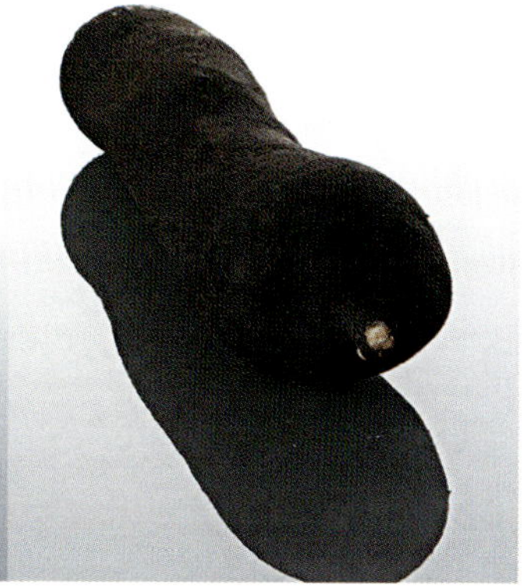

Radis noir

Sous sa peau noire, il cache une chair très blanche au goût un peu piquant partagé entre le navet et le radis. Le choisir lisse et ferme.

Rutabaga

Il a le goût du terroir, entre radis et pomme de terre, voire du chou. Cuisiné comme les navets, il demande une cuisson deux fois plus longue.

Salsifis ou scorsonère

Le salsifis noir est une scorsonère à la fine texture, au goût sucré et à la saveur délicate. Le choisir frais et très ferme pour préserver sa douceur.

Topinambour

Appelé artichaut de Jérusalem, sa chair juteuse et sucrée rappelle la saveur des fonds d'artichauts, des salsifis ou de la pomme de terre.

L'Atelier Good, 59100 Roubaix – www.facebook.com/Good.atelier – Sarah Vandrepotte, Anaëlle Drelon